I0076305

A la Cour de Cassation.

236

BREF EXPOSÉ

DE MOTIFS A L'APPUI DE PLAINTE,

CONTRE

M. MANGIN,

PROCUREUR-GÉNÉRAL PRÈS LA COUR ROYALE DE POITIERS,

PRÉSENTÉ

A MM. LES CONSEILLERS DE LA COUR DE CASSATION,

(SECTION DES REQUÊTES)

PAR M. KÉRATRY,

DÉPUTÉ DU FINISTÈRE, DEMANDEUR ET PARTIE PLAIGNANTE.

> Salutem paratam illi civitati video, in quâ lex servientibus magistratibus dominatur, interitum vero illi, in quâ, non lex magistratibus sed legi magistratus præsunt.
>
> PLATO, lib. 4 de legibus.

> Je tiens pour assuré le salut du pays, où la loi gouverne les magistrats; mais je ne vois que désastre partout où le magistrat commande à la loi.
>
> PLATON, livre 4 des lois.

BIBLIOTHÈQUE ROYALE

PARIS,

CHEZ TOUS LES MARCHANDS DE NOUVEAUTÉS.

IMPRIMERIE DE CONSTANT-CHANTPIE,
Rue Sainte-Anne, n° 20.

DÉCEMBRE.—M.DCCCXXII.

BREF EXPOSÉ

DE MOTIFS A L'APPUI DE PLAINTE,

CONTRE

M. MANGIN,

PROCUREUR-GÉNÉRAL PRÈS LA COUR ROYALE DE POITIERS.

———

A Monsieur le Président et à Messieurs les Conseillers à la Cour de Cassation, section des requêtes.

MESSIEURS,

Vous allez prononcer dans une affaire, où votre décision peut exercer une grande influence sur l'ordre public et sur le gouvernement représentatif lui-même. Députés incriminés et diffamés, par un officier de la couronne, devant des assises, nous pourrions demander justice de ce fonctionnaire à la Chambre, dont nous faisons partie, et qui, sans doute, oubliant toute divergence d'opinions, n'abdiquerait pas dans nos personnes le premier de ses priviléges : il nous suffit d'invoquer auprès de vous le droit commun des Français. Satisfaits de cette participation, n'en désirant pas d'autre, nous n'attendons de votre bienveillance, que des juges et un tribunal pour nous entendre.

Avons-nous été accusés d'un crime capital? L'avons-nous été extrajudiciairement par M. Mangin, procureur-général près la cour royale de Poitiers? L'avons-nous été nominativement? Cette accusation a-t-elle excédé les bornes que devait se prescrire un fonctionnaire qui déclare lui-même son incompétence? L'article 271 du code d'instruction criminelle a-t-il été respecté en ce qui nous concerne? Serons-nous privés du droit de la réponse légale, comme l'un de nous l'a été du droit de la simple négation? Enfin, dans l'intérêt de la justice distributive, ne sera-t-il donné aucune suite à des charges qui, dénuées de preuves, ne laissent pas de peser sur notre vie civile et domestique, et qui, en recevant des preuves, auraient au moins le mérite d'instruire la société sur ses périls? Telle est, Messieurs, la question qui vous est présentée.

Nous croyons qu'il nous sera permis d'éclairer votre religion, en cette matière importante qui, elle-même, nous eût semblé appeler toute la solennité d'une plaidoirie. En mon particulier, je vous dois quelques éclaircissemens sur ce que ma plainte, adressée le 22 octobre dernier, à Messieurs les gens du roi, tenant le parquet de la Cour royale de Poitiers, n'a pas encore été soumise à votre examen. Des droits à exercer et des devoirs à remplir m'avaient appelé dans le département du Finistère, auquel j'appartiens, quand M. l'avocat-général Colomb, faisant pour M. le procureur-général près la Cour royale de Paris, m'invita à passer au parquet de ladite Cour et à y affirmer ma plainte que, par ignorance des usages, je n'avais pas revêtue-de toutes les formalités légales. Je me suis empressé de suppléer à cette omission, dès mon retour à Paris; aussi suis-je fondé à croire, Messieurs, que cette plainte vous sera incessamment renvoyée de Poitiers, avec ma déclaration expresse de me constituer partie civile, si mieux n'entendait le gouvernement poursuivre d'office, dans l'intérêt de la vindicte publique.

En l'absence de cette pièce essentielle, je me juge suffisamment autorisé à en placer une copie exacte sous vos yeux. J'y joindrai même, pour plus ample instruction, celle que j'adressai d'abord à son excellence M. le garde des sceaux, sous la date du 3 octobre 1822, et que ses attributions, suivant sa réponse du 16, même mois, ne lui permirent pas d'accepter. Si votre sagesse rencontrait, dans cet écrit, quelques-unes de ces expressions vives qui, partant de l'âme, au plus fort de son émotion, n'obtiennent pas toujours l'assentiment d'une discrète réserve, votre justice, Messieurs, n'oubliera pas non plus que ce fut le premier cri de l'honneur outragé, et, par la chaleur de la plainte, elle jugera de la gravité de l'offense.

Magistrats suprêmes du pays, nous vous prions de procéder à un réglement de juges entre nous et M. Mangin : et fut-il jamais diffamation plus caractérisée que celle qui nous porté à invoquer votre ministère? Est-ce une simple répétition de ce qui a été dit dans une instruction criminelle, ou dans les débats d'une cour d'assises, que s'est permis le procureur-général de

Poitiers? Non messieurs. Il affirme tout contre nous, tout ce qui mène à la honte et à l'échafaud. Incompétent, de son propre aveu, pour nous poursuivre, il se juge compétent pour nous diffamer devant l'Europe, la France et le monarque. S'il se tait au moment où nos plaintes vous parviennent, c'est à son incompétence seule que nous en devons l'ignominieux bienfait. Ainsi l'a-t-il déclaré; de sorte que son silence n'a pas cessé d'être accusateur, et que son réquisitoire nous poursuit et nous menace jusque dans l'asile de nos foyers domestiques.

Arrêtez en effet vos regards sur les pages calomnieusement noircies contre nous dans certains journaux; parcourez les libelles répandus, contre notre honneur, dans les départemens; apprenez à cette école, si vous en avez le courage, tout ce que nous avons à souffrir, depuis que M. Mangin nous a immolés à sa haine ou à ses folles préventions : ne voulant pas salir vos yeux de ces insultes dégoûtantes, je me bornerai à vous présenter une courte citation d'une brochure distribuée et colportée contre moi, dans l'enceinte électorale d'une ville, où la fermeté courageuse des citoyens et la générosité d'un collègue ont bravé les séductions et les menaces adminstratives, pour me maintenir au poste près duquel ils espèrent que je pourrai trouver un abri contre tant de fureurs. Jadis, ils me faisaient l'honneur de vouloir, par un tel choix, assurer leurs libertés; cette fois ils n'ont aspiré qu'à défendre la mienne!

Page 5, d'un écrit sorti des presses de Michel, impri-

meur du roi, à Brest, vous lirez : « Electeurs de Brest,
» vous avez à choisir aujourd'hui entre un citoyen re-
» commandable, ami de l'ordre établi, de la paix pu-
» blique, défenseur de vos droits, dévoué à la monar-
» chie légitime, et UN HOMME devenu honteusement cé-
» lèbre par la criminelle exagération de ses opinions et
» SIGNALÉ, à la France entière, comme un des chefs
» les plus actifs de la faction qui veut, à force d'atten-
» tats, renverser le gouvernement qui nous protège. »

CET HOMME, ceux qui me connaissent sont con-
damnés à le croire, c'était moi; ce chef coupable, c'était
moi encore. Que ne poursuivez-vous devant les tribunaux, dira-t-on, et l'auteur et l'éditeur de ce libelle? A
cela, répliquerai-je, à mon tour, je puis faire plus
d'une réponse. La plus simple, c'est que l'auteur de
cette diffamation ne serait pas embarrassé pour se justifier devant nos juges : « J'ai mon autorité, pourrait-
» il leur dire, et c'est M. Mangin. Si ce magistrat, en
» plein barreau, a SIGNALÉ, à la France entière,
» M. Kératry comme un chef de factieux, je n'en suis
» pas responsable. Que ce député se justifie, qu'il ob-
» tienne une réparation, je me tairai. Jusque là je ne
» suis que l'écho de paroles prononcées en audience
» publique par un officier de la couronne; par consé-
» quent, je suis dans mon droit. De quoi se plaint-il?
» C'est d'ailleurs que part le coup qui le blesse. »

Vous conviendrez, Messieurs, que si ce raisonne-
ment n'est pas déduit dans les conditions d'une exacte
légalité, au moins dans l'acception ordinaire et dans
les règles qui gouvernent le jugement du commun des

hommes, il est tout-à-fait plausible. Ce que j'avance
est tellement vrai que, si pendant la lutte électorale, où
le ministère a déployé tant de forces, une agitation
sérieuse s'était manifestée dans le Finistère, tel homme
monarchique et tant soit peu fanatique, eût bien pu
se croire en droit d'y mettre un terme, en s'adressant
brusquement *à l'homme signalé à la France entière
comme l'un des chefs les plus actifs de*, etc. etc. M. Mangin a parlé pendant cinq heures d'horloge, du poi-
gnard pointé sur sa poitrine : il me semble que son
réquisitoire le tient un peu mieux aiguisé sur les nôtres,
et qu'il est temps que la justice décide si nous resterons
sous cette épée de Damoclès.

Certes, personne ne s'avisera de sembler croire que,
par ses suites, la témérité de M. Mangin n'ait pas trou-
blé le repos de ma vie. En veut-on des preuves plus
matérielles, plus palpables encore que celle dont je viens
de faire un exposé ? je puis les fournir : je ne demande
que des juges. Est-ce parce que, honoré de la confiance
de mes respectables compatriotes, je m'asseois sur les
bancs de l'opposition, que j'en manquerais ? Jamais,
Messieurs, je ne vous ferai l'injure d'admettre en mon
âme une telle pensée ! Cependant, je me hasarderais
à vous affirmer qu'incriminé et diffamé au degré où
je l'ai été par M. Mangin, dans une condition privée,
je n'aurais pas à invoquer aujourd'hui la sainte autorité de votre ministère. Le procureur général de Poitiers
se fût exprimé avec plus de réserve sur mon compte,
ou, me comprenant dans son acte d'accusation, il eût
mis un jury en mesure de prononcer sur mon innocence.
Un seul de vous, Messieurs, supposerait-il un instant

que chacun de nous ait moins de droits, comme
député, qu'un simple accusé renvoyé de la plainte
par un arrêt de la cour d'assises? Non, vous n'abais-
serez pas jusques là le gouvernement représentatif !

Devons-nous rester en cet état de choses? Pouvez-
vous nous y laissez vous-mêmes? Ce qui a occupé l'at-
tention des nations étrangères, ce qui les a au moins
constituées dans un état de doute sur notre compte, ce
qui les a peut-être effrayées par le ton affirmatif de l'accusation publique dont nous nous sommes trouvés
l'objet, sera-t-il regardé comme non avenu par vous,
Messieurs, par vous que le prince et la loi ont rendus
les régulateurs suprêmes de la justice civile et criminelle dans ce vaste royaume?

En vain le sieur Mangin ou ses défenseurs, s'il en
trouvait, prétendraient-ils exciper du bénéfice de l'article 481, contre l'application de l'article 482 du Code
d'instruction criminelle, en soutenant que ce n'est pas
hors de ses fonctions que cet officier de la couronne
nous a diffamés : nous leur répondrions par l'article 271
du même Code, aux termes duquel ce chef du parquet
de la cour royale de Poitiers *est sorti de ses fonctions*,
en incriminant d'autres personnes que celles mises en
accusation suivant les formes prescrites par le chapitre
1er du titre 2, qui gouverne les affaires soumises au
jury; nous leur dirions qu'à notre égard il a cessé de
fait d'*être procureur-général*, puisque le droit d'un
accusé est de répondre aux inculpations de ceux qui
exercent le ministère public, et que jusqu'à présent
nous n'avons pu le faire ni en dedans ni en dehors de

la procédure; nous dirions au sieur Mangin qu'après avoir abdiqué *ses fonctions*, en ce qui nous concerne dans la salle des assises, pour nous y incriminer gratuitement, il serait indécent qu'après l'avoir quittée, il les ressaisît devant vous, pour échapper à nos justes poursuites; nous lui dirions enfin qu'il aura prononcé lui-même, par votre bouche, l'application de l'article 482 du Code d'instruction criminelle, en affirmant, à notre sujet, devant la cour de Poitiers, sa propre incompétence; car, où il y a incompétence, il n'y a point de fonctions.

La folle témérité d'un officier de la couronne vous offre aujourd'hui l'occasion, Messieurs, d'exercer un beau droit: qui ne sait que, dans un gouvernement représentatif, tel que le nôtre (et surtout jusqu'à ce que celui-ci, à travers les oscillations, ait rencontré sa véritable assiette.) Les partis se disputent et s'enlèvent tour-à-tour le pouvoir? c'est le temps des grandes colères contre de vains obstacles. Alors, pour se rendre imposans, de nouveaux Hercules prétendent avoir à combattre des monstres. De là ces ébullitions de zèle trop communes dans les fonctionnaires les plus directement chargés de veiller pour le pouvoir; de là cette véhémence qui, trop souvent, communiquant à l'accusation le ton de la haine, la dépouille de ce caractère d'impartialité, sans lequel il n'y a plus de justice. Ainsi, pour le malheur des peuples, se propagent les troubles civils; à une réaction en succède une autre plus fatale encore, car la dernière se multiplie par les précédentes. Votre décision, Messieurs, peut arrêter ces excès, vers lesquels est malheureusement emportée la nature humaine.

C'est en préservant les partis de leurs propres fureurs ,
que vous remplirez les plus augustes fonctions de votre
ministère. Si nous recueillons , ainsi que nous en avons
l'espoir, le fruit de la sagesse qui vous aura fait en-
trer dans ces considérations , vous n'aurez pas médio-
crement servi au progrès du gouvernement représentatif ; l'ordre judiciaire aura protégé l'arbre des lois dans
ses racines, et cette tâche est digne de la première Cour
du royaume. Songez , Messieurs , qu'après le plus
grand des outrages , commis envers nos personnes,
nous ne vous demandons point un arrêt favorable, et
que, de votre justice suprême, nous ne réclamons et
n'attendons que des juges !

J'ai l'honneur d'être, avec respect, Messieurs les
Conseillers de la Cour royale de cassation,

Votre serviteur ,

KÉRATRY , *député.*

Paris , 15 *décembre* 1822.

PLAINTE

EN CALOMNIE ET EN DIFFAMATION,

PRÉSENTÉE

A SON EX. M^{gneur} LE GARDE-DES-SCEAUX,

CONTRE

M. MANGIN,

PROCUREUR-GÉNÉRAL A LA COUR ROYALE DE POITIERS,

Pour le fait de ses deux Réquisitoires pronoucés devant ladite Cour
dans les audiences publiques des 26 août et 5 septembre 1820,

Par Auguste-Hilarion KÉRATRY,

Membre de la Chambre des Députés, homme de lettres, demandeur et partie
plaignante, demeurant présentement à Paris, rue de, etc.

MONSEIGNEUR,

Si le procureur-général de la cour royale de Poitiers, remplissant
près de cette cour les devoirs les plus rigoureux de son ministère,
s'était borné à établir son réquisitoire sur les faits résultant de
l'instruction d'une procédure criminelle; s'il s'était contenté de
faire usage, dans celui-ci, des déclarations des témoins et des
aveux des accusés, présens ou contumaces; s'il lui avait suffi de
prêter à ces déclarations, à ces aveux et aux conséquences
qu'il pouvait en tirer, un caractère de certitude matérielle, ou
simplement moral, quant aux seuls prévenus mis en cause,
je me verrais, encore avec surprise, mêlé à ces débats; je

me permettrais même de croire qu'une sage réserve de la partie publique eût bien pu lui conseiller de ne pas faire retentir trop bruyamment des allégations ordinaires dans la bouche de tous les hommes livrés aux hasards des entreprises, par lesquelles ils attaquent un gouvernement quelconque. Mes principes manifestés à la tribune et dans mes écrits, la nature de mes goûts et de mes occupations, une vie exempte d'ambition, et cinquante ans de probité, me semblaient une sauvegarde suffisante contre la citation de mon nom dans de pareilles conjonctures. Ce nom, comme plusieurs autres, eût donc pu être oublié dans le réquisitoire de M. Mangin, sans que cette omission m'imposât aucun devoir de reconnaissance : ainsi l'a jugé la chambre d'accusation elle-même, puisqu'elle n'a pas trouvé matière à nous mettre en cause.

Toutefois, j'étais décidé à me taire sur cette exception aux mœurs de la justice criminelle ; et il me suffisait que, frappés de cet aspect insolite, sur la demande éloquente de MM. Saint-Aulaire, Royer-Collard, Ganilh, Tripier, cent vingt-sept de mes collègues eussent manifesté, à ce sujet, toute leur indignation. J'ai dû penser que la chambre à laquelle j'ai l'honneur d'appartenir, attendait, pour voir ses droits blessés, qu'une accusation plus précise et plus directe s'attachât à quelqu'un de ses membres. (1) Ce qu'elle résoudra, quant à moi, est éventuel ; mais ce qui est bien plus certain, c'est que le second réquisitoire, ou résumé prononcé par le même procureur-général, après l'audition des témoins et des prévenus, ne me laisse que la faculté de délibérer sur la manière de rompre le silence.

En effet, M. Mangin place mon sort au-dessous de celui des plus misérables accusés, admis au moins à répondre aux inculpations, quand ils les ont entendues ; il m'incrimine où je ne suis pas, où je ne saurais être ; il me diffame, après m'avoir enlevé la parole au sein de la société que je représente (car telle était ma position incontestable, lorsque je me suis vu compris dans ses hos-

(1) Ma plainte ayant été déposée avant les élections de la 2ᵉ série, dans laquelle est compris mon département, je n'ai pu tenir un autre langage.

tilités); il me fait comparaître FICTIVEMENT devant des assises pour m'y juger RÉELLEMENT de sa seule autorité privée (1) ; sans accusation préalable, il s'est emparé de ma personne ; je suis son contumace ; il a prononcé ma sentence ; il n'y manque que le fer qui tue : l'honneur serait déjà atteint, si l'honneur ne pouvait élever la voix !

Monseigneur, rien de plus positif, rien de plus matériel que l'accusation extra-judiciaire de M. Mangin. Il atteste un crime capital, l'existence D'UN GOUVERNEMENT PROVISOIRE, c'est-à-dire une usurpation de la souveraineté. Sur l'indication de quelques prévenus, il nomme les membres de ce gouvernement ; et par une infraction formelle de l'article 271 du code d'instruction criminelle ; il donne à cette indication le caractère d'une *certitude anticipée* qui, suivant lui, n'attend plus que les seules preuves juridiques nécessaires pour autoriser la mise en cause.

Dans son réquisitoire du 5 semptembre, subséquent aux débats, je lis :

» Ainsi que Delon et Heureux, Berton a annoncé, à Thouars
». qu'il y avait un gouvernement provisoire, et il a proclamé les
» membres de ce gouvernement provisoire.... Quelles sont donc
» les personnes qui composaient ce gouvernement, et qui ont
» donné à Berton la mission qu'il a remplie? On vous l'a déclaré.
». Les noms que Berton citait étaient ceux de MM. de La Fayette,
» Foy, Kératry, Benjamin Constant et Voyer-d'Argenson ; d'au-
»: tres vous ont nommé de plus MM. Lafitte et Manuel.

» Qui devait prendre le commandement des armées, d'après
» Delon? C'était La Fayette, c'était Foy.... Quels noms sont
»: prononcés dans toutes les conspirations? Les mêmes noms....

» Mais n'est-ce qu'à d'imprudens discours que CES HOMMES doi-

---

(2) Voyez l'article 271 du code d'instruction criminelle, il est dit expressément : « le procureur-général poursuivra, soit par lui-même, soit par son substitut, toute personne mise en accusation, suivant les formes prescrites au chapitre premier du présent titre, il ne pourra porter à la Cour aucune autre accusation, à peine de nullité, et, s'il y a lieu, *de prise à partie.*

2

» vent de voir invoquer leurs noms dans tous les crimes qui me-
» nacent de renverser le trône et de déchirer l'état ? »

Ici, quoiqu'il m'en coûtât d'isoler mes sentimens et mon sort de
ceux des collègues estimables qui viennent d'être désignés, il
m'eût été peut-être permis de regarder la dernière question, que
s'adresse M. le procureur-général de Poitiers, comme uniquement
applicable aux deux généraux, sur lesquels il a appelé l'at-
tention de l'auditoire ; mais se hâtant de se répondre, il allègue et
interprète à sa manière, comme aptitude à des projets criminels,
des faits personnels à d'autres députés déjà nommés avec moi,
d'où il suit que son accusation se généralise, pour frapper l'en-
semble du prétendu gouvernement provisoire, tel qu'il l'a fait connaître. Aussi, s'écrie-t-il, après avoir précisé ces faits :

« Si le trône légitime était renversé, entre les mains de qui
» tomberait le pouvoir ? Entendez-vous, Français, entre les mains
» de qui le pouvoir serait-il tombé ? Sous quel maître viveriez-
» vous ? Répondre à cette question, c'est résoudre tout le problème
» de la conspiration.

« Mais, nous dit-on, pourquoi ne pas déférer aux tribunaux,
» LES MEMBRES DE CE GOUVERNEMENT PROVISOIRE ? *Vous faites trop ou
» trop peu.* (1) A cela, je puis faire plus d'une réponse : voici celles
» que je puis faire connaître :

Après une allégation particulière contre un de ces mêmes députés, l'orateur ardent s'énonce en ces termes :

« Les preuves matérielles nous manquent contre les premiers
» instigateurs du complot. Pourquoi ? Ce n'est point PARCE QU'ILS
» SONT INNOCENS, mais parce qu'ils se cachent derrière leurs séides...
» on a dit que nous eussions pu nous dispenser de citer dans l'acte
» d'accusation, LES NOMS DE CES HOMMES. De quel droit ? Nous DE-
» VIONS LES DÉSIGNER, pour faire connaître le véritable caractère
» du gouvernement, pour indiquer aux jurés LES VÉRITABLES APPUIS,
» sur lesquels comptaient les conspirateurs.

_____

(1) Paroles de l'honorable M. de Saint-Aulaire à la tribune de la Chambre
des députés, à l'occasion du premier réquisitoire du procureur-général de
Poitiers.

« Ce que nous avons dit, nous l'avons dit hautement; nous l'a-
» vons dit A LA FACE DE LA FRANCE. Que deviennent donc les accusa-
» tions dont on a osé nous rendre l'objet? »

C'est aussi à la face de la France, Monseigneur, que je viens
vous demander justice, et je me flatte que je l'obtiendrai. Oui, J'OSE
poursuivre, près de vous et des tribunaux compétens, le calom-
niateur; au besoin, je le poursuivrais jusqu'aux pieds du trône,
s'il y cherchait un abri; et si le trône lui-même se dérobait à mes
légitimes supplications, je dirais, dans ma douleur, qu'il ne reste
plus à l'honnête homme qu'à tourner un regard vers le ciel, et à
s'envelopper ensuite la tête de son manteau, puisque la justice,
cette première des forces de la société, serait dirigée contre le sein
de la société même!

Rien d'ambigu, rien de douteux dans les paroles du procureur-
général de Poitiers. La mauvaise foi, ou la bienveillance les plus
décidées n'en sauraient altérer le sens. Il y a pourvu. Il s'est inter-
dit toute interprétation, et il ne lui reste que la voie de la rétrac-
tation, quand elle lui sera ordonnée par la justice, dont, avec une
audace et un scandale, heureusement peu ordinaires, il usurpe
toutes les fonctions. Il vous le déclare; il ne cesse de vous le dire :
UN GOUVERNEMENT PROVISOIRE EXISTE; on lui a nommé les membres
qui le composent; il les nomme à son tour à la France; il assume
sur lui d'affirmer implicitement que ce sont ceux là; il en incrimine quelques-uns pour des actes de leur vie privée, d'autres pour
des actes de leur carrière législative, sacrée devant la loi; et s'il ne
m'a pas compris dans une de ces cathégories, cette omission forcée
n'a pu que lui coûter des regrets.

Monseigneur, l'accusation, sans avoir un caractère juridique,
est nominale; elle est patente; elle existe sur les pages d'une procédure criminelle : si je suis coupable, ces pages veulent encore
du sang; si je ne le suis pas, une grande réparation m'est due solennelle comme l'attaque dont j'ai été l'objet, sévère pour mon
accusateur comme la vindicte publique qu'il appelait sur ma tête.
Aucune personnalité ne me dicte ces sentimens, du moment où la
confiance du peuple a reposé sur moi, j'ai cessé de m'appartenir

à moi-même, et ma ligne a été tracée. Si beaucoup d'ambition et
peu de moyens ont jeté dans une route d'erreur la jeunesse d'un
magistrat, j'en suis fâché pour lui ; mais cette erreur est un crime
quant à moi, et le gouvernement, une autre fois, choisira mieux
les hommes qu'il voudra revêtir d'une haute magistrature. La magistrature elle-même ne saurait être compromise par une préva-
cation dont elle aura fait justice : il n'y a que son silence qui pût
tourner contre elle. Après tout, l'élu d'un département a bien aussi
son importance dans la hiérarchie des pouvoirs. Ne dois-je pas
marcher tête levée, aussi bien que M. Mangin ? S'il a eu, jusques
à présent, à se glorifier du choix du Monarque, n'ai-je pas à justifier celui de mes compatriotes, jetés aujourd'hui sur mon compte
dans une anxiété non moins injurieuse pour le mandataire que
pour ses commettans ? Si le procureur général de Poitiers a for-
fait, est-ce à moi, par hasard, d'en porter la coulpe ? Et si l'honneur de l'un de nous deux doit périr ici, comme je le crois, il me
semble que la patrie n'a encore rien connu, rien entendu de l'un
ou de l'autre, qui lui apprenne que ce doive être celui de son député ?

En conformité de l'article 10 de la loi du 20 mars 1810, et de
l'article 479 du code d'instruction criminelle, je devais transmettre
ma plainte au procureur-général de la cour à laquelle appartient
le magistrat par lequel j'ai été incriminé; et, suivant les articles
481, 482, 485 et 486 du code d'instruction criminelle, relatifs aux
délits des fonctionnaires, ce procureur-général devait vous l'adresser, pour que, de votre main, elle passât à la cour de cassation, au-
torisée à me désigner les juges devant lesquels je me propose de
plaider ma cause. Monseigneur, je me vois forcé de franchir cet
intermédiaire, M. Mangin étant lui-même le procureur-général de
la cour près de laquelle il m'a diffamé, et ses substituts ne recevant
que de lui leurs pouvoirs ou des ordres.

Ainsi, de l'avis de mes conseils, me trouvé-je suffisamment
fondé à recourir d'une manière directe à Votre Excellence ; elle
aura sans doute la bonté d'adresser ma présente plainte en calom-

nie et en diffamation, à la cour suprême , pour qu'il plaise à celle-ci me nommer au plutôt des juges : car, vivant encore dans la société française, il est bien temps que je sorte de l'espèce de contumace où m'a placé M. Mangin.

Voilà ce que j'espère de votre équité, Monseigneur, me réservant de faire connaître plus tard mes conclusions, en la partie qui me touche, contre le réquisitoire de M. le procureur-général de Poitiers , et ma trop légitime demande de dommages et intérêts, Cette demande sera justifiée par des *atteintes matérielles* portées déjà à ma réputation et à mon repos , par suite de ce réquisitoire , ainsi que j'en mettrai les preuves sous les yeux de la cour.

Paris, le 3 octobre 1822.

KÉRATRY.

Cette plainte ayant été envoyée à sa destination depuis plusieurs jours, sans que j'en entendisse parler, j'adressai la lettre suivante à Son Excellence M. le garde-des-sceaux :

A Son Excellence Monseigneur le Garde-des-Scéaux.

Monseigneur ,

Les élections m'appellent prochainement dans mon département : je souhaiterais connaître le plus tôt possible ce qui sera statué sur la plainte en calomnie et en diffamation que j'ai eu l'honneur d'adresser, le 3 courant, à Votre Excellence, contre M. Mangin, procureur-général de la cour royale de Poitiers. Placé entre une calomnie à repousser, et un droit de citoyen à exercer, je voudrais concilier ce que je dois à tous les deux , c'est-à-dire le soin d'une poursuite qui ne peut être arrêtée que par des obstacles indépendans de ma volonté, et le désir de prouver à mes estimables compatriotes l'intérêt que je porte , avec eux, aux affaires de mon pays.

Je prends donc la liberté d'inviter Votre Excellence à m'apprendre quel est l'état de ma plainte, où , et à quelle époque celle-ci exigera ma présence ? Sur la réponse dont je la prie de vouloir bien m'honorer, s'il ne m'est pas donné de m'occuper à la fois des deux objets que j'ai à cœur, je verrai au moins quel est celui dont le sacrifice deviendra une dure nécessité de ma position.

Comme je suis persuadé, Monseigneur, que vous souhaitez autant que moi que la justice ne défaille, en France, à aucun des fidèles sujets de Sa Majesté, dans le cas où mes conseils n'auraient pas donné à ma plainte une direction convenable, j'espère, de la bonté de Votre Excellence, qu'elle voudra bien m'indiquer la rectification à faire, pour que je ne sois pas obligé, par leur incertitude et la mienne, d'épuiser tous les degrés de juridiction, ainsi que j'y suis résolu, depuis le tribunal de police correctionnelle de Poitiers jusqu'à la cour suprême.

Veuillez, Monseigneur, agréer l'hommage du respect avec lequel j'ai l'honneur d'être, de Votre Excellence,

Le très-humble serviteur KÉRATRY,

Député du Finistère et homme de lettres.

Paris, 15 octobre 1822.

RÉPONSE

de Son Excellence Monseigneur le Garde-des-Sceaux, à la précédente lettre.

« Vous avez pris, mon cher collègue, une voie un peu détournée, pour me faire parvenir votre plainte (1) ; n'attribuez pas à d'autres causes le retard qu'à éprouvé ma réponse.

Je crois que vous vous êtes trompé en *m'adressant* un écrit de ce genre : il n'est point dans mes attributions de le *recevoir*.

Je crois aussi qu'il ne m'est pas permis de donner des *instructions* aux personnes qui se constituent *parties civiles* dans les procès criminels ou correctionnels.

Il est donc impossible que je satisfasse aux deux demandes que vous m'avez adressées, et il ne me reste qu'à vous offrir l'assurance d'une parfaite considération.

Signé, DE PEYRONNET.

Paris, le 16 octobre 1822.

Son excellence a eu raison : croyant que ma plainte lui parviendrait plus promptement et voulant en acquérir la certitude, je m'étais rendu, de ma personne, au secrétariat du ministère de la Justice (section correctionnelle et criminelle) pour y faire mon dépôt, tandis que je devais adresser directement cette pièce, sous enveloppe, à Mgr. le garde des sceaux lui-même. La réponse dont cette excellence m'a honoré, m'ayant appris qu'il fallait suivre une autre marche, en conformité de l'article 479 du code d'instruction criminelle, dont je m'étais écarté par la considération de la qualité même du fonctionnaire, contre lequel sont dirigées nos justes poursuites, et au ministère duquel il m'oblige pourtant de recourir, j'ai envoyé ma plainte avec la lettre suivante, à MM. les GENS DU ROI, composant le parquet de la Cour royale de Poitiers, pour qu'en cas d'empêchemens, ou plutôt de nécessité de s'abstenir, de la part de M. le procureur-général, l'affaire soit au moins poursuivie à la diligence de qui de droit, tel que de M. l'avocat-général, ou de l'un des substituts de M. le procureur-général.

LETTRE D'ENVOI :

A Messieurs les Gens du Roi, tenant le Parquet de la Cour royale de Poitiers.

Messieurs,

La première fonction du ministère public, que vous a confié sa majesté, étant commise à M. Mangin procureur-général près la cour royale de Poitiers, par lequel j'ai été incriminé et diffamé extrajudiciairement aux assises de ladite cour, et les articles 479, 482 et 486 du code d'instruction criminelle, qui n'a pas prévu cette éventualité, m'obligeant à déposer ma plainte aux mains de ce magistrat, pour obéir, autant qu'il est en mon pouvoir, aux dispositions législatives, je vous adresse privativement ou collectivement cette pièce. J'ose me promettre, messieurs, que dans le cas présumable d'empêchement de M. Mangin, l'un de vous le suppléant d'office, donnera à ma plainte les suites qui sont dans mon intention et dans la loi.

J'ai l'honneur d'être avec respect, etc.

Paris, le 22 octobre 1822.

A Messieurs les Gens du Roi, tenant le Parquet de la Cour royale de Poitiers.

PLAINTE EN CALOMNIE ET EN DIFFAMATION, ETC.

Messieurs,

Jamais plus graves motifs n'ont déterminé un homme à invoquer le ministère public de son pays. Calomnié et outragé dans mon honneur de citoyen, de député et de fidèle sujet de sa majesté, c'est avec ces titres que je me présente devant vous, et que je dépose ma plainte, entre vos mains, contre M. le procureur-général de la cour royale de Poitiers.

Après avoir établi, EN FAIT, dans son réquisitoire du 26 août 1822, l'existence D'UN GOUVERNEMENT PROVISOIRE subversif de celui du roi, M. Mangin, dans son réquisitoire du 5 septembre suivant, a posé EN FAIT ma participation nominale et personnelle à ce gouvernement. Je lis textuellement dans le réquisitoire qui a suivi les débats de l'affaire de Saumur.

« Ainsi que Délon et Heureux, etc. » (1)

Il importe à mon repos de citoyen, à mon honneur de député et à mes devoirs de fidèle sujet, de refouler vers son auteur une telle calomnie. Diffamé devant une cour royale et des assises, où JE N'ÉTAIS PAS, et pourtant devant la nation entière, il est de toute justice que je puisse être entendu QUELQUE PART ; enveloppé dans une accusation criminelle au premier chef, par une accusation extrajudiciaire, le droit naturel et le droit légal veulent que je trouve une issue pour en sortir, ou que si j'y succombe, ce soit au moins légalement ; car dans nos mœurs, comme dans notre jurisprudence française, le terrible pouvoir de constituer un homme en prévention morale, ainsi que l'a fait de moi M. Mangin, n'appartient à personne au monde, qu'à la justice régulièrement exercée ; et encore celle-ci permet-elle, avant l'arrêt, quand elle a renfermé le prévenu dans un cercle de probabilités aggravantes, d'opposer à de simples allégations, des allégations de même nature ; or, les uns et les autres doivent trouver des juges chargés de les recueillir et de les mettre à leur valeur. *En ce qui me concerne*, la cour royale de Poitiers n'a pu m'offrir rien de pareil : Je n'y ai vu qu'un accusateur téméraire sans contradiction, qu'un accusé absent sans défenseur, et qu'un tribunal sans qualité pour les entendre. Cependant, ou M. Mangin a agi à mon égard, dans son droit de magistrat et alors la réplique me retourne de haute lutte, non-seulement

---

(1) Ici se place l'exposé sommaire de la *dénonciation formelle*, faite par M. le procureur-général de Poitiers, tel qu'il a été compris dans la plainte adressée, par le réclamant, à son excellence Monseigneur le garde des sceaux.

3

dans mon droit de citoyen, mais même dans mon droit d'accusé;
ou il a parlé comme simple particulier, et, alors, rentrant avec
moi dans le droit commun, où je le force à me suivre, il devient
passible de mon action juridique, pour le fait de ses assertions dif-
famatoires.

Mais en ma qualité de membre du parlement de France, n'ai-je
pas, messieurs, des devoirs plus étendus à remplir et une protec-
tion plus efficace à attendre du ministère public? Sans rien préju-
ger, dans cette affaire, sur l'intervention probable de la chambre à
laquelle j'ai l'honneur d'appartenir, n'ai-je pas à rendre compte à
mes concitoyens du dépôt de leur confiance? Le titre qu'ils m'ont
conféré, ne dois-je pas le justifier? m'est-il permis de leur laisser
croire, un instant, qu'entre mes mains il s'est transformé en arme
offensive, contre les institutions de l'état? Je le sais: ils ne m'ont
point envoyés à Paris pour y tramer des complots; mais je sais
aussi qu'ils m'y ont envoyé pour y protéger, de toute la puissance
de mes opinions et de mes votes, les droits résultans du progrès
du siècle, qui les leur a fait reconquérir, et de la charte impérissa-
ble qui les a reconnus. Comme plusieurs autres de mes collègues, je
puis me rendre la justice d'avoir défendu ces droits avec loyauté
et persévérance. Je regrette qu'il ait fallu, qu'il faille encore y ap-
porter du courage. Cette mission, à laquelle la parole royale m'in-
vitait elle-même par son ordonnance du 5 septembre, plaisait à
mon cœur. Voilà les auspices sous lesquels je l'acceptai; ce n'est pas
ma faute, si elle est devenue pénible pour moi, ainsi que pour les
agens de l'autorité. Ceux-ci, que j'honore partout ailleurs, n'en
sont pas plus fondés à me poursuivre de leurs calomnies. On peut
attaquer les actes de ma vie législative ou de ma vie privée; je ne
m'y oppose pas: mais, dans l'intérêt du gouvernement représentatif fondé en France par le roi, je réclame pour toutes deux l'im-
prescriptible droit de la réponse. Ce gouvernement, en effet, ne
serait bientôt plus qu'un vain spectacle, où le peuple serait avili
dans la personne de ses élus, si, au moment où l'opposition devient
gênante, on les livrait en proie à des fonctionnaires assurés de

l'impunité pour leurs diffamations, parce qu'ils le seraient du silence.

Incriminé par M. le procureur-général de Poitiers, comme sujet du roi, j'ai des motifs non moins puissans pour demander à la
justice une réparation aussi solennelle que l'a été l'offense. Le trône
lui-même y a un intérêt direct. Qui ne le reconnaîtrait dans un péril
imminent, le jour où l'opinion publique deviendrait indifférente sur
les inculpations de cette nature, par la légèreté avec laquelle les
magistrats se permettraient de les hasarder contre les citoyens, et
par le silence dédaigneux avec lequel ces derniers se croiraient au-
torisés à en faire justice. L'accusation d'usurpation de la souveraineté
dans la bouche d'un procureur-général est une chose trop sérieuse
pour qu'elle reste sans suites. Plaise à Dieu que notre régime constitutionnel soit organisé dans l'esprit de la charte, et alors, voyant
dans le pouvoir royal la première garantie des libertés publiques,
je dirai volontiers, peut-être plus haut qu'un autre, que le pouvoir doit être un pouvoir jaloux, prêt à frémir devant l'ombre d'u-
ne rivalité. Quoique éloigné de cette époque, qui semble fuir devant mes regards, je n'ai eu garde de perdre la mémoire de mon
serment, ou des devoirs qu'il m'a imposés. Ceux-ci ont deux parties distinctes, mais très-conciliables, très-concordantes, à moins
qu'on ne veuille, au grand détriment de l'état et de la gloire du
présent règne, jeter entre elles des incompatibilités qui ne sont pas
dans la nature des choses.

J'ai pensé qu'en servant le pays, je ne cessais pas, pour cela,
d'être bon et loyal sujet. Si, dès le moment de sa délégation, j'ai
appartenu, d'une manière plus spéciale, au peuple qui m'a nommé, si j'ai dû le servir de la capacité de mes moyens justifiés par
ma conscience, je n'ai pas oublié non plus, qu'appelé dans l'enceinte législative, par S. M. elle-même, qui a daigné, en personne, nous en ouvrir les portes, je dois au ROI mon respect et
mon attachement. Le droit de commandement du prince, SUIVANT
LES LOIS, auquel il coopère comme première autorité de l'état; son
droit de vaquer à leur exécution par des délégués RESPONSABLES, et
aussi respectables sous le titre de juges de village que sous celui

de maréchal de France; son hérédité dans le pouvoir; celle de son auguste famille, j'en atteste le ciel, ont été sacrés pour moi! Je ne puis varier ma conduite; car, mes principes, à cet égard, ne reposent pas sur des intérêts isolés, ou sur des théories mystérieuses, plus ou moins susceptibles de controverse; ils me montrent, dans un roi constitutionnel, tel que S. M. nous a déclaré, généreusement aspirer à l'être, LA VOLONTÉ TOUJOURS VISIBLE ET AGISSANTE DE LA PATRIE, oui, de la patrie toujours sainte pour ses enfans!

Messieurs, j'ose attendre de cette même volonté essentiellement accompagnée de justice, dont le ministère public de la cour royale de Poitiers doit être l'organe, le redressement d'un grand tort commis contre ma personne et contre mon honneur, par M. Mangin, qui, dans ses réquisitoires, m'a présenté à la France et à l'Europe comme sujet déloyal, mauvais député et citoyen criminel au premier chef. Je l'adjure par le trône lui-même, au nom duquel il a parlé d'en fournir les preuves! il n'y a pas de jurisprudence sur terre, il n'y a pas de contrée si barbare qu'elle puisse être, où l'on enlève à l'homme diffamé le droit de poursuivre le diffamateur et de l'attaquer en calomnie. C'est à mes périls et risques que je réclame, dans le pays le plus policé de l'Europe, ce privilége inviolable de l'homme en société. Veuillez donc, Messieurs, donner à ma plainte contre M. Mangin, toutes les suites qui sont dans la loi, comme dans mes intentions exprimées par ma présente requête. A défaut de M. le procureur-général, que je suppose valablement empêché, je la confie à M. l'avocat-général ou à MM. leurs substituts. Je parle aux collègues de mon imprudent accusateur, je le sais; mais vous êtes magistrats et je n'ai rien à craindre.

Je réserve mes conclusions pour la plaidoirie.

J'ai l'honneur d'être, avec respect, Messieurs,

Votre très-humble serviteur,

KÉRATRY.

(1) C'est sur cette plainte que la Cour de cassation est appelée à prononcer par sa section des requêtes, ainsi que sur les plaintes de MM. Lafite, Benjamin Constant et le général Foy députés.

www.ingramcontent.com/pod-product-compliance
Lightning Source LLC
Chambersburg PA
CBHW060516200326
41520CB00017B/5063